Dear Cynthia,

thank you for arranging my stay in Pittsburgh!

Lena Seil

BEST OF BRUSSELS

Bruxelles | Brussel | Brüssel

ÉRIC DANHIER

Racine

CONTENTS

SOMMAIRE

INHOUD

INHALTSVERZEICHNIS

MAP OF BRUSSELS – PLAN DE BRUXELLES – PLAN VAN BRUSSEL – PLAN VON BRÜSSEL

1 The Grand Place/La Grand-Place/De Grote Markt/Der Grand' Place

2 City Hall / Hôtel de Ville / Stadhuis / Rathaus

3 Manneken Pis

4 Street art (Butchers Lane/Petite rue des Bouchers/Korte Beenhouwersstraat/Die Kleine Fleischerstrasse)

5 Galeries Royales Saint-Hubert/Les Galeries royales Saint-Hubert/Koninklijke Sint-Hubertusgalerijen/Die Galeries Royales Saint-Hubert

6 The MdA (Mont des Arts)/Le Mont des Arts/De Kunstberg/Der Kunstberg

7 Rue Montagne de la Cour and the Museum of Musical Instruments/Rue Montagne de la Cour et le musée des Instruments de musique (MIM)/De Hofbergstraat en het Muziekinstrumentenmuseum/Hofbergstrasse und das Musikinstrumentenmuseum

8 The Royal Square/Place royale/Het Koningsplein/ Der Königliche Platz

9 The Royal Palace/Le Palais royal/Het Koninklijk Paleis/ Der Königliche Palast

10 The Royal Park/Le parc de Bruxelles/Het Warandepark/ Der Königliche Park von Brüssel

11 Church of Notre-Dame du Sablon/L'église Notre-Dame du Sablon/Onze-Lieve-Vrouw-ter-Zavelkerk/Die Kirche Notre-Dame du Sablon

12 The Little Sablon park/Le parc du Petit Sablon/Het park van de Kleine Zavel/Der Kleine Zavel

13 Brussels Palace of Justice/Le palais de Justice/Het Justitiepaleis/Das Gerichtsgebäude

14 The Royal Museums of Fine Arts of Belgium/Les musées royaux des Beaux-Arts de Belgique/De Koninklijke Musea voor Schone Kunsten van België/Die Königlichen Museen der Schönen Künste von Belgien

15 The flea market of the Place du Jeu de Balles/Le marché aux puces de la place du Jeu de Balles/De rommelmarkt op het Vossenplein/Der Flohmarktdes Platzes des Ballspieles)

16 Boule & Bill (Rue du Chevreuil/Reebokstraat)

17 Blondin & Cirage (Rue des Capucins/Kapucijnstraat)

18 Halle Gate/La Porte de Hal/De Hallepoort/Die Tür von Hal

19 The Botanique/Le Botanique/De Kruidtuin/Das Botanische

20 The Saint Michael and Saint Gudula Cathedral/La cathédrale des Saints-Michel-et-Gudule/De Sint-Michiels-en Sint-Goedelekathedraal/Die Kathedrale St. Michael und St. Gudula

21 Martyrs' Square/La place des Martyrs/Het Martelarenplein/Der Platz der Märtyrer

22 La Monnaie Royal Theatre/Le théâtre royal de la Monnaie/De Koninklijke Muntschouwburg/La Monnaie Opernhaus

23 The Brussels Stock Exchange/La Bourse/De Beurs/Die Börse

24 Saint Nicholas Church / Église Saint-Nicolas / Sint-Niklaaskerk / Sankt-Nikolaus-Kirche

25 Saint-Gery indoor market/Les Halles Saint-Géry/De Sint-Gorikshallen/Die Hallen Saint-Géry

26 Rue du Bon Secours/La rue du Bon Secours/ De Bijstandstraat/Beistandstrasse

27 Antoine Dansaert Street/La rue Antoine Dansaert/ De Antoine Dansaertstraat/Antoine Dansaert Strasse

28 Saint-Catherine church/L'église Sainte-Catherine/De Sint-Katelijnekerk/Kirche Sankt Catherine

29 Fish Market/Le marché aux poissons/De Vismarkt/ Fishmarkt

30 Stork Lane/La rue de la Cigogne/De Ooievaarsstraat/ Storchengasse

31 Church of Saint John the Baptist at the Beguinage/L'église Saint-Jean-Baptiste au Béguinage/De Sint-Jan Baptist ten Begijnhofkerk/Johannes-der-Täufer-Kirche im Beginenhof

32 The Ixelles Ponds/Les étangs d'Ixelles/De Vijvers van Elsene/ Die Weiher von Ixelles

33 Flagey Square/La place Flagey/Het Flageyplein/Flagey Platz

34 The Abbey of La Cambre/L'abbaye de la Cambre/ De Ter Kamerenabdij/Die Abtei Notre-Dame-de-la-Cambre

35 La Cambre woods/Le bois de la Cambre/Het Ter Kamerenbos/ Der Wald von La Cambre

36 The Solvay House/L'Hôtel Solvay/Het Solvayhuis/Das Hôtel Solvay

37 The Horta Museum/Le Musée Horta/Het Hortamuseum/ Das Horta-Museum

38 The European Commission/La Commission européenne/ De Europese Commissie/Die Europäische Kommission

39 The European Parliament/Le Parlement européen/ Het Europees Parlement/Das Europäische Parlament

40 Square Ambiorix/Le square Ambiorix/De Ambiorixsquare/ Der Ambiorixsquare

41 The Cinquantenaire/Le Cinquantenaire/Het Jubelpark/ Der Jubelpark

42 Villa Empain/La villa Empain/Empain's villa/Villa Empain

43 The Stoclet Palace/Le palais Stoclet/Het Stocletpaleis/ Das Palais Stoclet

44 The Atomium/L'Atomium/De Atomium/Der Atomium

45 The Sacré-Coeur Basilica in Koekelberg/La basilique du Sacré-Coeur de Koekelberg/De Basiliek van het Heilig Hart in Koekelberg/Die Nationalbasilika des Heiligen Herzens

46 Notre Dame of Laeken/Notre-Dame de Laeken/De Onze-lieve-Vrouwkerk van Laken/Notre Dame von Laeken

47 Laeken Royal Palace/Le château royal de Laeken/Het Kasteel van Laken/Schloss Laeken

48 Royal Greenhouses in Laeken/Les serres royales de Laeken/ Koninklijke Serres van Laken/Königliche Gewächshäuser in Laken

49 Monument of the Dynasty/Le monument à la Dynastie/ Monument voor de Dynastie/Denkmal der Dynastie

50 The Japanese Tower/La tour japonaise/De Japanse Toren/ Der japanische Turm

51 The canal/Le canal/Het kanaal/Der Kanal

52 KANAL- Centre Pompidou

44-46-47-48-49-50
Avenue du port
Av. Simon Bolivar/laan
Gare du Nord
Noordstation
Rue de Brabant
Brabanstraat
Willebroekkaai
Avenue Leopold II/Laan
Parc Josapha/park
Haachtseteenweg Chaussée de Haecht
Noordplein
Weidestraat
51
52
Av. d'Anvers
Antwerpselaan
Bd. de Dixmude
Diksmuidelaan
Porte
d'Anvers
Pl. Rogier/
plein
Bd. du Jardin Botanique
Kruidtuinlaan
Jardin
Botanique
Kruidtuin
19
Av. de Nieuwpoort/laan
Bd. Émile Jacqmain/laan
Bd. A. Max/laan
Citée
Administrative
Rijksadministratief
Centrum
Bd. Pachéco/laan
Av. des Arts
Kunstlaan
29
31
30
21
Bd. Barthélémy/laan
28
Rue du Fossé aux Loups
Wolvengracht
22
27
Bd. Anspach/laan
4
23
24
25
Bd. de Berlaimont/laan
Koningsstraat
20
5
Bd. de l'Impératice
Keizerinlaan
26
2
1
Rue Van Artevelde/straat
Parlement
40
Rue de la Loi
Wetstraat
Place
Fontainas/
plein
R. du Midi/Zuidstraat
3
Gare Centrale
Brussel Centraal
Rue Royale
10
Rue Ducale/Hertogsstraat
Bd. du Régent/laan
38
Bd. M. Lemonnier/laan
Zuidlaan
Keizerslaan
Bd. de l'Empereur
R. de l'Hôpital
Gasthuisstraat
6
7
14
8
Place des Palais
Paleizenplaats
9
Rue Belliard/straat
43
Av. de Stalingrad/laan
Place du
Grand Sablon
Grote Zavel
R. de Namur/Namenstraat
Place
du Trône
Troonplein
41
11
Rue de la Régence Regentschapsstraat
12
39
Rue du Trône/Troonstraat
Bd. du Midi
16
17
Rue des Capucins
Kapucijnstraat
Rue de Wynants/straat
15
Place
Poelaert/plein
13
Parc d'Egmont
Egmontpark
Bd. de Waterloo/laan
Ch. d'Ixelles/Elsensesteenweg
Midi
ion
Avenue Louise
R. aux Laines/Wolstraat
Av. de la Toison d'Or/Guldenvlieslaan
18
Porte de Hal
Hallepoort
Louiszalaan
32-33-34-35-36-37-42

The City Hall tower

La tour de l'Hôtel de Ville

De toren van
het stadhuis

Der Rathausturm

The Grand Place – The King's House
La Grand-Place – La Maison du Roi
De Grote Markt – Het Broodhuis
Der Grand' Place – Das Haus des Königs

The Grand Place – City Hall
La Grand-Place – Hôtel de Ville
De Grote Markt – Het Stadhuis
Der Grand' Place – Rathaus

The flower carpet
Le Tapis de Fleurs
Het bloementapijt
Der Blumenteppich

The Grand Place
La Grand-Place
De Grote Markt
Der Grand' Place

The Grand Place
La Grand-Place
De Grote Markt
Der Grand' Place

La Rose Blanche

The Maximilian room of the City Hall

La salle Maximilienne de l'Hôtel de Ville

De Maximiliaanzaal in het stadhuis

Der Maximiliansaal des Rathauses

The Council Chamber

La salle du conseil communal

De gemeenteraadszaal

Der Saal des Gemeinderates

The grand staircase in the City Hall

L'escalier d'honneur de l'Hôtel de Ville

De staatsietrap in het stadhuis

Die grosse Treppe im Rathaus

The Grand Place
La Grand-Place
De Grote Markt
Der Grand' Place

The Ommegang
L'Ommegang
De Ommegang
Der Ommegang

The Ommegang
L'Ommegang
De Ommegang
Der Ommegang

View of the City Hall tower
Vue sur la tour de l'Hôtel de Ville
Uitzicht op de toren van het stadhuis
Blick auf der Rathausturm

GAUTAM DIAMONDS

The Grand Place
La Grand-Place
De Grote Markt
Der Grand' Place

Manneken Pis

Street art : Jaune

Galeries Royales Saint-Hubert
Les Galeries royales Saint-Hubert
Koninklijke Sint-Hubertusgalerijen
Die Galeries Royales Saint-Hubert

The City Hall tower
La tour de l'Hôtel de Ville
De toren van het stadhuis
Der Rathausturm

The MdA (Mont des Arts)

Le Mont des Arts

De Kunstberg

Der Kunstberg

Rue Montagne de la Cour and the Museum of Musical Instruments
La rue Montagne de la cour et le Musée des Instruments de musique (MIM)
De Hofberg en het Muziekinstrumentenmuseum
Hofbergstrasse und das Musikinstrumentenmuseum

OLD ENGLAND

The Royal Square
La Place royale
Het Koningsplein
Der Königliche Platz

The Royal Palace
Le Palais royal
Het Koninklijk Paleis
Der Königliche Palast

The Royal Park
Le parc de Bruxelles
Het Warandepark
Der Königliche Park von Brüssel

Church of Notre-Dame du Sablon
L'église Notre-Dame du Sablon
Onze-Lieve-Vrouw-ter-Zavelkerk
Die Kirche Notre-Dame du Sablon

The Little Sablon park

Le parc du Petit Sablon

Het park van
de Kleine Zavel

Der Kleine Zavel

Brussels Palace of Justice

Le palais de Justice

Het Justitiepaleis

Das Gerichts-gebäude

The Royal Museums of Fine Arts of Belgium
Les musées royaux des Beaux-Arts de Belgique
De Koninklijke Musea voor Schone Kunsten van België
Die Königlichen Museen der Schönen Künste von Belgien

View of the Marolles neighbourhood
Vue sur le quartier des Marolles
Uitzicht op de Marollenwijk
Blick auf das Marollen-Viertel

LIEGE 1930

The flea market of the Place du Jeu de Balles
Le marché aux puces de la place du Jeu de Balles
De rommelmarkt op het Vossenplein
Der Flohmarkt des Platzes des Ballspieles

Billy & Buddy
Boule & Bill
Bollie en Billie
Boule & Bill

The comic strip trail
Promenades BD
Muurfresco's met stripverhalen
Der Brüsseler Comic-Spaziergang

Blondin & Cirage
Blondie & Blinkie

Halle Gate
La Porte de Hal
De Hallepoort
Die Tür von Hal

The Marolles neighbourhood
Le quartier des Marolles
De Marollenwijk
Das Marollen-Viertel

The Botanique
Le Botanique
De Kruidtuin
Das Botanische

The Botanique park
Le parc du Botanique
Het Kruidtuinpark
Der Park Botanik

The Saint Michael and Saint Gudula Cathedral
La cathédrale des Saints-Michel-et-Gudule
De Sint-Michiels- en Sint-Goedelekathedraal
Die Kathedrale St. Michael und St. Gudula

DECRETUM DIE XXV. SEPT. MDCCCXXX.
ABSOLUTUM DIE XXV. SEPT. MDCCCXL.
LEOPOLDO I. REGNANTE.

Martyrs' Square
La place des Martyrs
Het Martelarenplein
Der Platz der Märtyrer

La Monnaie Royal Theatre
Le théâtre royal de la Monnaie
De Koninklijke Muntschouwburg
La Monnaie Opernhaus

KONINKLIJKE MUNTSCHOUWBURG

The Brussels
Stock Exchange

La Bourse

De Beurs

Die Börse

Saint Nicholas Church, view from the Brussels Stock Exchange
Église Saint-Nicolas, vue depuis la Bourse
Sint-Niklaaskerk, uitzicht van de Beurs
Sankt-Nikolaus-Kirche, Blick von die Börse

Quartier du Centre
Grand' Place
Grote Markt
Place de la Bourse
Beursplein
Porte d'Anderlecht
IZIA

Saint-Gery indoor market
Les Halles Saint-Géry
De Sint-Gorikshallen
Die Hallen Saint-Géry

yeti
yeti
BRUNCH!

Rue du Bon Secours
La rue du Bon Secours
De Bijstandstraat
Beistandstrasse

The Zinneke
Le Zinneke
Het Zinneke
Das Zinneke

Antoine Dansaert Street
La rue Antoine Dansaert
De Antoine Dansaertstraat
Antoine Dansaert Strasse

Madame Chapeau

Saint-Catherine church
L’église Sainte-Catherine
De Sint-Katelijnekerk
Kirche Sankt Catherine

Fish Market
Marché aux poissons
De Vismarkt
Fischmarkt

150 sprint v.
CT 11
3600

Stork Lane
La rue de la Cigogne
De Ooievaarsstraat
Storchengasse

Church of Saint John the Baptist at the Beguinage

L'église Saint-Jean-Baptiste au Béguinage

De Sint-Jan Baptist ten Begijnhofkerk

Johannes-der-Täufer-Kirche im Beginenhof

LES ECRINS

The Ixelles Ponds
Les étangs d'Ixelles
De Vijvers van Elsene
Die Weiher von Ixelles

Flagey Square
Place Flagey
Het Flageyplein
Flagey Platz

The Abbey of La Cambre
L’abbaye de la Cambre
De Ter Kamerenabdij
Die Abtei Notre-Dame-de-la-Cambre

Gray Street and Kerckx Street – Ixelles
La rue Gray et la rue Kerckx – Ixelles
Graystraat en Kerckxstraat – Elsene
Graystrasse und Kerckxstrasse – Ixelles

La Cambre woods
Le bois de la Cambre
Het Ter Kamerenbos
Der Wald von La Cambre

The Solvay House
L'Hôtel Solvay
Het Solvayhuis
Das Haus Solvay

The Horta Museum
Le Musée Horta
Het Hortamuseum
Das Horta-Museum

The European Commission
La Commission européenne
De Europese Commissie
Die Europäische Kommission

The European Parliament
Le Parlement européen
Het Europees Parlement
Das Europaïsche Parlament

Square Ambiorix
Ambiorixsquare

The Cinquantenaire Park
Le parc du Cinquantenaire
Het Jubelpark
Der Jubelpark

The Cinquantenaire

Le Cinquantenaire

Het Jubelpark

Der Jubelpark

JUBELPARKTUNNEL

Villa Empain
La villa Empain
Villa Empain
Villa Empain

Tramway in Avenue de Tervueren
Tram Avenue de Tervueren
Tram op de Tervurenlaan
Strassenbahn auf der Avenue de Tervueren

44
Tervuren
Station
7815

The Stoclet Palace
Le palais Stoclet
Het Stocletpaleis
Das Palais Stoclet

The Atomium

L'Atomium

Het Atomium

Das Atomium

The Sacré-Cœur Basilica in Koekelberg

La basilique du Sacré-Cœur de Koekelberg

De Basiliek van Koekelberg

Die Nationalbasilika des Heiligen Herzens

The Sacré-Cœur Basilica in Koekelberg
La basilique du Sacré-Cœur de Koekelberg
De Basiliek van Koekelberg
Die Nationalbasilika des Heiligen Herzens

Notre Dame of Laeken
Notre-Dame de Laeken
De Onze-Lieve-Vrouwekerk van Laken
Notre Dame von Laeken

Laeken Royal Palace
Le château royal de Laeken
Het Kasteel van Laken
Schloss Laeken

Royal Greenhouses in Laeken
Les serres royales de Laeken
Koninklijke serres te Laken
Die Königlichen Gewächshäuser in Laeken

Monument of the Dynasty
Monument à la Dynastie
Monument voor de Dynastie
Denkmal der Dynastie

The Japanese Tower
La tour japonaise
De Japanse Toren
Der japanische Turm

The canal
Le canal
Het kanaal
Der kanal

KANAL
Centre Pompidou

Gent-Gand
Mons-Bergen
Ring

The canal and the Up-site
Le canal et la tour Up-site
Het kanaal en de UP-site toren
Der Kanal und der Turm Up-site

inter
beton

Photography credits/Crédits photographiques/
Fotoverantwoording/Bildnachweis :

Atomium (p. 111) : © 2022 – Atomium asbl – Droits SOFAM – Belgique
© Jaune (p. 30-31)
Boule & Bill (p. 56) : © Roba
Blondin & Cirage (p. 57) : © Jijé
Ric Hochet (p. 75) : © Duchâteau/Tibet/Éditions du Lombard
(Dargaud-Lombard S. A.)
Het Zinneke, Madame Chapeau (p. 76) : © Tom Frantzen

The publisher and authors have sought to resolve the rights to the illustrations in accordance with legal requirements. Copyright holders, whom we, despite our research, were unable to locate, are requested to contact the publisher.

Photographs/Photographies/Foto's/Photos : © Éric Danhier
Facebook : EDanhier Photographe
Instagram : EDanhier
Layout/conception graphique et mise en page/grafische vormgeving/design und layout : Véronique Lux
Translator for English and German : Richard Lomax
Nederlandse vertaling : Nicole Legiest

www.racine.be
Register for our newsletter to receive information regularly on our publications and activities/Inscrivez-vous à notre newsletter et recevez régulièrement des informations sur nos parutions et activités/Registreer u op onze website en we sturen u regelmatig een nieuwsbrief met informatie over nieuwe boeken en met interessante, exclusieve aanbiedingen/Abonnieren Sie unseren Newsletter und erhalten Sie regelmäßig Informationen über unsere Neuerscheinungen und Aktivitäten.

Tour et Taxis, Entrepôt royal
86C, avenue du Port, BP 104A • B - 1000 Bruxelles

D. 2022, 6852. 11
Dépôt légal : avril 2022
ISBN 978-2-39025-200-9
Imprimé en Europe